AF400137

Un cri du cœur

Témoignage
sur le racisme ordinaire
en France

Un cri du cœur

Témoignage
sur le racisme ordinaire
en France

Mohamed BENAMARA

Pour contacter l'auteur :
mbenamara73@gmail.com

Édition : BoD · Books on Demand,
31 avenue Saint-Rémy, 57600 Forbach,
bod@bod.fr
Impression : Libri Plureos GmbH,
Friedensallee 273, 22763 Hamburg
(Allemagne)
ISBN : 978-2-3225-7758-3
Dépôt légal : Juin 2025
© Mohamed Benamara — Juin 2025

À mon père

Prologue

Je n'ai jamais été la cible de propos islamophobes, mais j'ai subi, pendant plus de cinquante ans, des propos racistes gratuits, des paroles humiliantes lancées sans raison, souvent par des individus enfermés dans leurs frustrations, pauvres d'esprit, sans curiosité ni ouverture au monde.

Ce racisme insidieux, ordinaire, ne vient pas toujours d'une idéologie construite, mais d'une ignorance profonde, d'une absence totale de culture, d'un mépris banal devenu réflexe.

Combattre le racisme au travail, à l'armée, est une urgence sociale et économique. Le racisme est un fléau silencieux mais dévastateur : il brise des carrières, isole des talents, détruit la confiance et gangrène les relations humaines au cœur même de nos entreprises. Il oppose au lieu de rassembler. Il humilie.

Ce n'est pas seulement une question morale, le racisme coûte cher. Il nuit à la performance des équipes, alimente les conflits internes, freine l'innovation et fait fuir les compétences. Pire encore, il mine la cohésion sociale, affaiblit la République.

J'ai voyagé dans toute l'Europe et j'ai effectué ces trois dernières années cinq séjours en Ukraine, notamment à Zaporijjia et à Kharkov. Là-bas, j'ai rencontré des femmes et des hommes extraordinaires qui m'ont accueilli chez eux, avec chaleur, respect et générosité alors même qu'ils vivaient l'impensable. La guerre, les bombardements, les pénuries, l'incertitude quotidienne.

C'est en Ukraine que j'ai découvert ce que signifie véritablement le mot « civilisation ». Non pas dans le confort, mais dans l'épreuve. Non pas dans les discours, mais dans les actes. Là-bas, malgré le chaos, j'ai vu des personnes instruites, cultivées, solidaires. J'ai ressenti un humanisme sincère, sans prétention.

Et c'est ce contraste qui m'a frappé. Ce que j'ai toujours cherché en France, je ne l'ai jamais trouvé. Ce que j'ai découvert en Ukraine, je ne l'ai jamais vu dans une société qui se targue d'être le berceau des Lumières, mais où l'humiliation, l'arrogance et le mépris sont quotidiens.

Aujourd'hui, je suis convaincu d'une chose : une véritable civilisation ne s'illustre pas par ses musées, ses cathédrales ou ses institutions, mais par la manière dont un peuple traite l'autre. Or, un peuple vraiment civilisé ne peut pas être raciste.

On nous a menti. Trop souvent, on nous présente la France comme la patrie des droits humains, alors qu'une partie de ses citoyens subit encore l'humiliation du racisme au quotidien. On nous répète depuis l'école que la France aurait apporté la civilisation en Afrique, en Indochine, ailleurs encore. C'est le récit qu'on enseigne, qu'on célèbre, qu'on répète dans les livres d'histoire. Un récit confortable pour certains, insupportable pour d'autres : comment y croire, sincèrement ? Comment un peuple qui, à l'époque coloniale, traitait l'autre avec tant de mépris, avec tant de violence, avec tant d'ignorance, pourrait-il incarner une quelconque idée de la civilisation ?

La civilisation ne se résume pas à construire des routes, des ponts ou des bâtiments. La civilisation, c'est la capacité à reconnaitre la dignité humaine. C'est la culture du respect, du dialogue, du partage. Et dans ces domaines, ce que les colonisés ont vécu, ce n'était pas de la civilisation mais de la domination, de la dépossession, du racisme érigé en système.

Je ne crois plus à cette belle histoire à laquelle on veut nous faire adhérer. La France n'a jamais connu la civilisation, parce qu'elle nie les souffrances, elle nie les mémoires, elle nie les vérités.

Il est temps de sortir de cette hypocrisie. Il est temps de réécrire l'histoire. Il est temps de reconstruire un monde fondé non pas sur des symboles, mais sur des actes, sur l'égalité et sur la reconnaissance pleine et entière de chaque citoyen, quelle que soit son origine.

J'aimerais rejoindre un parti politique, me présenter aux élections législatives avec la ferme intention de faire entendre une voix trop souvent étouffée : celle des travailleuses et des travailleurs victimes de propos racistes sur leur lieu de travail. Il est temps de dire stop. Il est temps que la loi protège réellement celles et ceux qui en sont victimes.

Si j'étais élu député, je proposerais une loi claire, ferme et ambitieuse :

- Une reconnaissance explicite du racisme au travail comme délit ;
- Des sanctions lourdes non seulement contre les auteurs de propos racistes, mais aussi contre les entreprises qui ferment les yeux ;
- La mise en place obligatoire d'une vraie charte — pas un torchon — anti-discrimination dans toutes les entreprises, assortie d'actions concrètes de prévention et de contrôle.

C'est une question de dignité, de respect et de République.

Relevons la France.

Introduction

Ces derniers temps, une rumeur infâme se propage en France : il paraitrait que nous, Français issus de l'immigration, n'éprouvons aucun attachement pour ce pays. Relayée par des petits politiciens de second plan en mal d'attention, amplifiée par des voix médiatiques en quête de sensationnalisme, cette idée fausse se répand avec pour seul objectif de diviser, d'opposer, de fracturer la nation.

J'ai décidé de ne plus me taire. De répondre. Non pas pour convaincre ceux qui vivent de la haine et de l'ignorance — leurs opinions m'importent peu — mais pour faire entendre une nouvelle voix : la mienne.

Je suis né ici, j'ai grandi ici, j'ai appris à aimer ce pays dans sa beauté comme dans ses contradictions, et pourtant, il me faut sans cesse prouver que je l'aime, le mériter, le revendiquer.

Ma prise de parole dérangera sans doute. Ces petits politiciens sans envergure, nourris aux préjugés, préfèrent des caricatures à des vérités humaines. Mais moi, en Français digne, debout, j'ai décidé de répondre non pas par le mépris, mais par quelques témoignages vécus. Parce que l'amour de la France ne se crie pas toujours sous les drapeaux : il se vit dans les actes, dans le silence du travail bien fait, dans l'attachement au sol où l'on a grandi. Et ça, ils ne veulent pas le voir ni le savoir.

Issu moi-même de cette immigration trop souvent bafouée, stigmatisée, rendue injustement responsable de tous les maux de la France, j'ai décidé de rompre le silence. À travers quelques témoignages, fragments de ma vie en France, j'espère répondre à ces discours affligeants, nourris de clichés éculés et portés par une vision réductrice des Français issus de l'immigration.

Ils veulent nous faire taire, nous diminuer, nous cantonner à une image d'indigène, mais en tant qu'homme lucide, libre et conscient de ma valeur, j'ai choisi l'écriture pour m'exprimer. Parce que se taire face au mépris, c'est déjà commencer à se soumettre. Et moi,

aujourd'hui, je refuse de baisser la tête face à
ces propos racistes touchant à ma personne.

I
L'enfance ou
la découverte du racisme

J'ai grandi dans un petit quartier situé au sud de Toulouse, construit dans les années cinquante pour accueillir les ouvriers d'une grande usine chimique. À son arrivée en France, mon père y avait trouvé un emploi, comme tant d'autres venus prêter main-forte à un pays en pleine reconstruction.

Le quartier, à l'époque, était paisible, verdoyant, fleuri. Il respirait la simplicité et la dignité des vies modestes. Je grandissais dans l'innocence et l'insouciance, partageant mes journées avec mes voisins entre l'école, parties de ballons, corde à sauter et escapades dans les arbres. C'était une vie simple, authentique et profondément heureuse. Dans notre rue, nous étions la seule famille française issue de l'immigration — une singularité qui, très tôt, a fait de nous une exception visible.

J'avais tout juste onze ans quand j'ai découvert que j'étais perçu différent des autres enfants que je côtoyais pourtant au quotidien, et cette prise de conscience brutale m'a frappé lors d'une sortie scolaire.

Alors que nous visitions la grotte du Mas d'Azil, un site historique ariégeois, un élève, sans doute influencé par des propos entendus chez lui, lança une remarque blessante sur mes origines. Le ton était moqueur, le regard appuyé et autour de moi, les rires nerveux de quelques camarades résonnèrent comme un écho d'exclusion. Ce jour-là, je ressentis pour la première fois ce décalage douloureux entre ce que je savais être, un enfant français comme les autres, et ce que certains voyaient en moi, un étranger, un intrus.

Ce fut la fin de l'innocence, le début d'un regard lucide sur le monde qui m'entourait. Ne comprenant pas le sens ni la violence de ces remarques blessantes, et pour fuir les regards moqueurs de certains camarades, je me repliai instinctivement à l'arrière du groupe qui avançait en file indienne dans la grotte sombre et humide, marchant en silence, envahi par un sentiment confus de honte, d'injustice et d'incompréhension.

Je ne le savais pas, mais le pire m'attendait encore. Le mari de l'une de nos institutrices accompagnait la sortie et fermait la marche. Un homme grand, autoritaire, CRS de profession, dont l'attitude dégageait une forme de mépris presque palpable. Il imposait par sa présence autant qu'il inspirait la méfiance.

Alors que je marchais à l'arrière, dans le silence, il s'approcha furtivement, me saisit brusquement par le col de mon t-shirt et me tira à lui, avec une violence contenue, maîtrisée, comme s'il en avait l'habitude. Prenant soin de le faire à l'abri des regards, il entoura ses grandes mains autour de mon petit cou, me souleva à sa hauteur, me regarda dans les yeux tout en prononçant des injures racistes sur mes origines.

Ce monsieur, qui jouait le rôle de bon père de famille accompagnant son épouse à la sortie scolaire, était au fond de lui un véritable monstre cachant probablement des secrets inavouables. La haine circulait dans ses veines comme du poison.

Je ne compris pas ce qui m'arrivait. J'étais pétrifié. Terrorisé. Aucun mot, aucune explication. Juste ces gestes brutaux et ces insultes. Je n'avais commis aucune faute. J'étais un enfant poli, discret, respectueux. Et pourtant, ce jour-là, je réalisai une chose terrible : certaines personnes ne m'aimaient pas. Non pas pour ce que j'étais, mais pour ce que je représentais à leurs yeux. Mon seul tort était d'être d'origine étrangère.

Pour moi qui m'étais toujours cru pleinement Français, dans mon cœur et dans ma vie, ce fut un choc brutal. Une fracture intime. Comme si, soudainement, on me dépossédait de ce que je croyais être une évidence.

En rentrant chez moi, après la sortie, ma mère remarqua tout de suite les hématomes, l'un au cou, l'autre à la cuisse droite, suite au coup de pied que m'avait donné le CRS. Elle me demanda, inquiète, ce qui m'était arrivé et j'eus peur. Peur de sa réaction, peur de ne pas trouver les mots. Mais surtout, un sentiment de culpabilité que je ne comprenais pas m'étreignit. Alors je mentis, je dis que j'avais glissé dans la grotte humide. Elle me regarda avec tendresse, sans poser plus de questions. Et moi, je restai silencieux, enfermant cette douleur au fond de moi, comme un secret trop lourd pour un enfant.

Ce jour-là, j'avais grandi. D'un coup, sans l'avoir voulu.

Le soir venu, poussé par une étrange inquiétude, je me rapprochai du miroir de la salle de bain. Je voulais comprendre. Je voulais voir ce que les autres voyaient en moi. Je me regardai longuement, cherchant une différence, un signe, quelque chose qui me distinguait des autres enfants. Mais je ne vis rien. Mon visage était celui d'un garçon de mon âge, ordinaire, innocent.

Je leur ressemblais, et pourtant, on m'avait fait sentir que je n'étais pas comme eux.

Pourquoi ces insultes ? Pourquoi cette violence envers moi ? À cet instant, je compris que je n'étais pas Français comme mes voisins. Qu'on m'avait menti. Que ce pays que je considérais comme le mien était hostile, injuste, froid.

II
L'apprentissage
de la dignité

J'ai poursuivi ma scolarité au collège, puis au lycée professionnel, et les remarques ont continué. Elles étaient parfois lancées à la volée, d'un ton faussement léger, parfois plus directes, plus cruelles. Mais toujours, elles touchaient au même endroit : mon origine. Ce qui les rendait encore plus douloureuses, c'est qu'elles venaient d'adolescents, de jeunes comme moi, qui reproduisaient probablement ce qu'ils entendaient chez eux, dans des foyers où le racisme n'était ni combattu ni caché. À cet âge où l'on cherche à appartenir au groupe, à se fondre dedans, on me rappelait sans cesse que je n'en faisais pas vraiment partie.

Face à ces remarques répétées, j'aurais pu me renfermer, me résigner ou même céder à la colère. Devenir agressif. Mais quelque chose en moi résistait. Une fierté silencieuse. Une dignité transmise par mes parents, par leur histoire, leur courage, leur retenue.

J'ai commencé à comprendre que je n'avais pas à m'excuser d'exister ni à me justifier d'être né ici. Alors j'ai refusé de courber l'échine. De glisser vers la violence. De leur ressembler. J'ai appris à me forger une carapace. J'ai trouvé dans la foi et la patience des armes plus puissantes que la haine. Ce n'était pas facile, mais chaque jour, je construisais une force intérieure. Une force calme. Une force de ceux qui savent qui ils sont, d'où ils viennent, même quand d'autres refusent de la voir.

Je me suis réfugié dans le sport, mais surtout dans les livres. Je lisais tout ce qui me tombait sous la main, avec une soif nouvelle, presque instinctive. Dans les mots, je trouvais un refuge. Une échappatoire à la bêtise, à l'injustice, au rejet.

C'est à ce moment-là que l'amour de livres est né en moi. Ils m'ont ouvert des mondes, des pensées, des vies différentes. Ils m'ont appris que je valais plus que ce que certains voulaient me faire croire. La lecture est devenue ma liberté silencieuse. Mon espace de résistance. À travers les livres, j'ai découvert des auteurs qui pensaient comme moi sans me connaitre, qui dénonçaient l'injustice, la bêtise humaine, l'hypocrisie sociale. Je me suis reconnu dans certains personnages, dans leurs luttes, leurs silences, leurs révoltes contenues.

Les livres m'ont permis de penser par moi-même, de remettre en question ce qu'on voulait m'imposer comme vérité. Ils m'ont donné des armes invisibles, des idées, des mots, une conscience. Pendant que d'autres doutaient de ma place dans mon pays natal, moi je l'affirmais, discrètement mais fermement, en cultivant mon esprit. Ce que je n'arrivais pas à dire tout haut, je le vivais à travers les pages et peu à peu, je devenais un homme, un vrai.

C'est pour cette raison que je n'ai jamais rien dit. Je n'ai jamais répondu à la haine par la haine. Je n'ai jamais insulté ceux qui me méprisaient. J'ai choisi le silence. Un silence lourd, tendu mais volontaire. Mon silence était ma façon de rester digne, de ne pas leur ressembler.

Je faisais attention à tout. À mes mots, à mes gestes, à ma présence. Je me rendais presque invisible, comme les Juifs pendant la guerre, forcés de vivre en retrait pour survivre à la haine d'État. Très jeune, j'avais compris qu'au regard de beaucoup de personnes, j'étais l'étranger de trop. J'étais devenu, à leurs yeux, ce que le Juif avait représenté dans l'Allemagne nazie : un bouc émissaire. Cette prise de conscience était terrible, mais elle m'a forgé. Elle m'a appris à résister sans bruit, à garder la tête haute dans le silence.

Ce que je raconte, c'est ma vie en France, du début des années 1980 à 2024. Pas en 1940. Mitterrand venait d'être élu, les socialistes étaient au pouvoir, l'espoir naissait chez beaucoup, mais pour moi, rien ne changeait. Les remarques étaient presque quotidiennes. Discrètes, mesquines, souvent lâchées du bout des lèvres, comme pour mieux se dissimuler derrière un sourire ou une plaisanterie, mais je les entendais toutes. Toujours les mêmes sous-entendus, les mêmes regards, les mêmes questions sur mes origines, ma vraie nationalité, ma place. Et ce message qu'on me faisait passer, encore et encore, comme un poison lent. « Tu n'es pas vraiment d'ici. »

Je le ressentais profondément. Comme une frontière invisible que je ne pouvais jamais franchir, peu importe mes efforts, ma politesse, ma discrétion.

III
L'entrée dans le monde du travail

Après le lycée professionnel, j'ai commencé à travailler. À l'usine chimique, évidemment. Celle autour de laquelle mon quartier avait été construit. C'est mon père qui m'a proposé un poste dans son équipe. Il connaissait le responsable, il s'était fait respecter par son sérieux. J'ai accepté sans hésiter.

J'étais fier. Fier de gagner mon propre salaire, de pouvoir aider ma famille, d'entrer dans le monde des adultes par la grande porte. Je me souviens de ma première paie. Elle avait l'odeur de l'indépendance. Je me sentais utile, reconnu, enfin légitime — du moins, c'est ce que je croyais.

En travaillant à l'usine, j'ai découvert l'envers du décor. J'ai vu, pour la première fois, ce que mon père endurait depuis tant d'années. Un travail dur, sale, éreintant, parfois même dégradant. Un travail que beaucoup refuseraient de faire, que les « Français de souche » délaissaient, mais qui, pour nous, représentait une chance de survivre, de se construire, de s'élever.

Mon père commandait une équipe composée uniquement d'immigrés. Des hommes courageux, discrets, solides. En plus de porter ce travail harassant sur leurs épaules, ils portaient aussi le mépris silencieux d'une partie des autres employés, bien sûr français, qui, eux, occupaient des postes beaucoup plus valorisants. Ils étaient nécessaires, mais invisibles. Utiles, mais jamais reconnus. Et pourtant, c'est grâce à eux que l'usine tournait. Ce que j'ai vu là m'a marqué à jamais.

En le voyant à l'œuvre dans cet environnement rude, bruyant, saturé de poussière et d'odeurs chimiques, mon regard sur mon père a changé. J'avais toujours eu du respect pour lui, bien sûr, mais là, il s'est transformé en admiration silencieuse. Cet homme, mon père, m'avait nourri, élevé, habillé, protégé. Et il l'avait fait en sacrifiant sa santé, sa jeunesse, dans un lieu insalubre que d'autres refusaient même d'approcher. Il ne s'était jamais plaint. Il avait tenu, jour après jour, année après année, pour sa famille. C'est là que j'ai compris la grandeur de ce père. Non pas dans les mots, mais dans la sueur, dans le silence, dans la dignité.

Et mon admiration ne s'arrêtait pas à mon père. Je la portais aussi à ces hommes venus de loin, souvent sans rien, qui acceptaient ces conditions déplorables pour une seule raison : nourrir leur famille. Ils venaient chaque jour à l'aube, fatigués mais droits, silencieux mais courageux. Ils enduraient la chaleur l'été, le froid l'hiver, les produits chimiques irritants, les gestes répétés jusqu'à l'épuisement. Pas pour eux-mêmes. Pas pour l'honneur, ni la gloire, mais pour envoyer un peu d'argent au pays, pour offrir un avenir à leurs enfants, pour honorer des promesses faites à leurs proches. Il y avait dans leur regard une forme de résilience qui m'a marqué à jamais. Ces hommes étaient des piliers de l'usine chimique, de la France ouvrière. Et pourtant, personne ne les respectait. Aucune reconnaissance. Moi, je les regardais et je les respectais profondément.

Alors quand j'entends aujourd'hui tous ces petits politiciens de l'extrême droite insignifiants, confortablement installés dans leurs certitudes, parler avec mépris des immigrés, salir leur dignité, cela me fait profondément mal. Parce que je sais. Je les ai vus, ces hommes. J'ai travaillé avec eux. J'ai partagé leur sueur, leur silence, leur fatigue. Ce sont eux qui ont accompli les tâches les plus ingrates, les plus méprisées, les plus dures. Des boulots dont personne ne voulait, mais sans lesquels la France n'aurait jamais tenu debout. Ils ont été invisibles, mais essentiels. Sans eux, pas de routes ni d'autoroutes, pas d'usines, pas de métros, pas d'hôpitaux. Ils ont construit, nettoyé, réparé, et ils continuent de le faire aujourd'hui. Ils ont participé à la grandeur de ce pays et aujourd'hui encore, on les montre du doigt, on les dénigre, on les accuse, on les rejette. C'est une injustice que je ne peux plus taire.

Ce sont les mêmes petits politiciens qui, pour exister politiquement, propagent des idées nauséabondes sur les immigrés, sur moi. Ils alimentent la peur, attisent la haine, montent les Français les uns contre les autres, tout cela pour quelques voix de plus dans les urnes. Leur seul objectif est d'être élus, de vivre confortablement aux frais de l'État, pendant que ceux qu'ils dénigrent et qu'ils désignent comme une menace pour la France continuent de trimer dans l'ombre.

Ils parlent d'identité, de mérite, de sécurité, mais ils n'ont jamais mis un pied dans une usine, dans un chantier de construction. Jamais tendu la main à des ouvriers. Jamais connu le regard baissé d'un homme digne à qui l'on refuse la reconnaissance. Leur discours est une trahison. Une trahison envers l'histoire, envers le travail de millions d'immigrés qui ont, eux, réellement contribué à la construction de la France.

IV
Le service militaire

Après quatre années passées dans cette usine, j'ai quitté le bleu de travail pour enfiler l'uniforme : j'ai été appelé pour effectuer mon service militaire. Douze mois sous les drapeaux — une obligation à l'époque.

J'ai rejoint un régiment de chasseurs parachutistes d'élite. Ce n'était pas rien. De la rigueur, de l'endurance, de la discipline. Et surtout une manière peut-être de prouver encore une fois mon attachement à ce pays. Un pays que j'avais déjà servi en travaillant dans cette usine. Là, je le servais avec un fusil, sous les couleurs de la République. Il n'y avait plus de fils d'immigré, plus de « pas vraiment français » : il y avait des hommes. Des soldats. Des frères d'armes. Pendant douze mois, j'ai marché, couru, sauté, tiré, dormi à la belle étoile sans jamais renier d'où je venais.

J'étais un Français parmi d'autres et personne ne pouvait m'ôter cela — c'est ce que j'ai cru au moment de mon incorporation. Je pensais que l'uniforme effacerait les différences. Qu'en devenant soldat, j'allais enfin être traité comme un Français à part entière. Mais la réalité m'a rattrapé.

Dès les premiers jours, j'ai senti les regards, les soupirs, les sous-entendus. Même si j'étais un soldat exemplaire, discipliné, endurant, jamais absent ou en retard, jamais réfractaire, rien n'y faisait : je subissais les brimades, les humiliations, les sanctions injustifiées. Pas pour ce que je faisais, mais pour ce que j'étais. Je n'étais pas le bienvenu et on me le faisait bien comprendre. Certains gradés avaient dans leurs yeux une hostilité glaciale, une méfiance instinctive, presque mécanique. Pour eux, je n'étais pas un frère d'armes. J'étais un intrus sous les drapeaux, portant l'uniforme français.

Et pourtant, je n'ai jamais rendu la haine. Je serrais les dents. Je continuais. Parce que même dans l'humiliation, je restais digne. Je les dérangeais. Pas par mes mots — je parlais peu —, mais par ce que je représentais : un fils

d'immigré, plus fort qu'eux, au corps solide et
à la volonté inébranlable.

C'est vrai que j'avais une très bonne
condition physique, voire exceptionnelle. Je
réussissais tous les tests, je les dépassais
même. Plus endurant, plus résistant, plus
déterminé, mais jamais de félicitations. Jamais
un regard de reconnaissance. Au contraire :
plus je brillais, plus ils tentaient de
m'éteindre. Ils me mettaient en corvée pour
un oui ou pour un non. Quand on marchait
des dizaines de kilomètres, je portais mon sac,
mon arme et la radio. Toujours plus, toujours
seul face à eux. Et pourtant, je n'ai jamais
failli. J'ai fait toutes les marches, toutes les
sorties de terrain, tous les sauts.

Toujours volontaire, toujours présent
quand d'autres camarades plus
« acceptables » se dérobaient et restaient en
chambre. Mais le jour où il a fallu remettre la
médaille de la Défense nationale, sur la place
d'armes, devant des centaines d'invités, on
m'a dit : « Toi, tu restes en chambre. Tu ne
recevras pas de médaille. » Le mérite, je
l'avais. Mais pas la bonne origine, pas le bon
nom, pas la bonne histoire. Ce jour-là, j'ai
compris qu'on pouvait servir avec honneur,

loyauté, se dépasser sans jamais tricher et être effacé. Je n'oublierai jamais. Celui qui méritait vraiment cette médaille, c'était moi. Depuis ce jour, j'ai le sentiment que tous les militaires que nous voyons défiler sur les Champs-Élysées sont des fainéants, des bons à rien qui n'ont jamais vraiment rendu de services à la Nation mais qui ont le bon nom.

J'ai repensé à mon père. Lui aussi avait porté l'uniforme français : cinq ans de sa vie, de 1957 à 1962, donnés à l'armée française, pendant la guerre d'Algérie. Cinq ans en tant que combattant au service d'un pays qui plus tard allait le dénigrer en le parquant dans un camp semblable à un camp de concentration. Et mépriser ses enfants.

Et je me demandais : « Comment a-t-il pu ? » Comment avait-il pu se battre pour des hommes qui, dans le fond, voyaient en lui — comme en moi — un indigène utile ? Je vivais la même chose. Même à l'armée, je n'étais pas chez moi. Même avec l'uniforme, même sous les drapeaux, je restais l'étranger. Le bicot. Et là, tout s'est brisé. J'ai vu leur vrai visage. Pas celui des affiches ou des cérémonies. Non, le vrai : un visage froid, arrogant, lâche, cruel, raciste.

Aujourd'hui, je n'ai aucun respect pour les militaires. Un soldat — un vrai soldat —, c'est l'honneur, le courage, la droiture. Pas le racisme, la mesquinerie, l'humiliation. On veut nous faire croire qu'ils sont forts, combattifs, disciplinés, mais moi, je les ai vus à l'œuvre. Et ce que j'ai vu, ce ne sont pas des héros. Ce sont de petits hommes qui se battent pour leur carrière, mais pas pour la justice.

Mais malgré tout, je suis fier. Fier d'avoir tenu tête, sans jamais la baisser, ni trahir mes valeurs supérieures aux leurs. Fier d'être resté digne, malgré les humiliations, les injustices, les blessures invisibles. Car moi, je n'ai jamais triché et j'ai gagné. J'ai montré à ces militaires, sous-officiers, officiers, que j'étais meilleur qu'eux. Plus digne qu'eux. Je leur ai tenu tête avec le silence et l'excellence. Je leur ai montré ce qu'était un vrai soldat. Eux sont restés de petits soldats. Ils sont forts dans leur caserne pour écraser et humilier les jeunes Français issus de l'immigration, mais certainement très faibles devant un vrai danger, un vrai adversaire qui menacerait la France. La guerre, la vraie, n'a pas besoin d'arrogance : elle demande du courage, du respect des autres, de la dignité et je n'ai rien vu de tout cela chez ces sous-soldats.

Je plains la France parce qu'elle confie sa défense à des hommes sans grandeur, portant l'uniforme sans honneur. Et n'acceptant pas les Français immigrés.

Pauvre France.

V
La vie à l'usine

Je suis retourné à la vie civile avec des certitudes. Pas celles qu'on attend d'un jeune homme après son service militaire. Pas avec l'illusion d'avoir grandi, mûri ou appris. Non. Je suis revenu avec une lucidité froide : j'étais né et j'avais grandi dans un pays qui n'était pas le mien. Un pays où l'on gravait partout « Liberté, Égalité, Fraternité », ces trois mots sacrés qui n'avaient plus aucune valeur pour moi. On nous les enseignait dès l'école. On nous les faisait répéter comme une prière, mais après tout ce que j'avais vécu, je commençais à comprendre que ces trois mots, pour ceux d'entre nous issus de l'immigration, n'étaient que de la fiction. De belles lettres sur des frontons d'école ou de mairies, mais absentes dans les regards, dans les actes, dans le quotidien.

Je n'étais pas amer, j'étais lucide : ces mots ne m'étaient pas offerts, ils devaient être arrachés, prouvés, mérités à chaque instant. Et encore, ce n'était jamais suffisant. Alors j'ai décidé de ne plus croire aux promesses, mais de croire en moi, en ce que je construisais, en mes valeurs. Ce pays ne m'accepterait jamais comme un citoyen français à part entière, mais comme un sale étranger qui était là pour travailler, payer ses impôts, silencieusement puis disparaitre dans l'ombre.

J'ai continué à travailler sans jamais me plaindre. Un ouvrier exemplaire. Productif, rigoureux, consciencieux. Je faisais ma part, sans bruit, sans chercher les honneurs, mais malgré ma discrétion, mon sérieux, mes efforts, il fallait continuer à supporter les incivilités de camarades de travail racistes et hypocrites dans les entreprises qui m'employaient. Certains même refusaient de m'appeler par mon prénom, préférant des prénoms blessants, humiliants, comme « couscous » — comme si mon identité et ma dignité n'avaient aucune valeur. Un nom à effacer. Et ces mêmes personnes m'expliquaient qu'elles n'étaient pas racistes : c'était moi le méchant qui ne savait pas plaisanter !

Je repense, en écrivant ces lignes, à ma dernière expérience professionnelle. J'ai travaillé récemment dans une grande entreprise aéronautique et dès le premier jour, on m'a fait la leçon, comme si j'étais un sauvage à dresser. On m'a tendu une charte, un code de bonne conduite à signer : on me demandait un comportement irréprochable, comme si cela n'allait pas de soi. J'ai signé leur charte avec confiance et j'ai commencé à travailler avec sérieux, comme toujours.

J'ai montré mes compétences, sans jamais me plaindre. Très content. Mais dans mon équipe, un collègue se pensant « plus Français » que moi, avec l'aide de ses copains qui rigolaient de la situation, m'appelait « Ben Laden », « Daech ». Des propos graves, insultants, rabaissants. Je l'ai averti plusieurs fois et rien n'y faisait. J'en ai parlé à ma hiérarchie et là, surprise : c'est moi qu'on a mis dehors ! Licencié, comme un fauteur de trouble. Les racistes, alcooliques en plus, sont restés dans l'entreprise.

J'ai compris ce jour-là que même cette fameuse charte de bonne conduite ne fonctionnait que dans un sens. Pour ces responsables d'entreprise complices, il y avait deux catégories de citoyens : ceux qu'on protège, même s'ils sont racistes et alcooliques, et ceux qu'on ne tolère pas parce qu'ils sont considérés comme des étrangers. Et heureusement que j'ai respecté leur charte ! Je n'imagine même pas ce qui aurait pu m'arriver si j'avais, moi aussi, manqué de respect à ces collègues racistes. Je serais en prison.

Voilà la France, la vraie, qu'on veut nous vendre comme une terre d'accueil, un pays dont les habitants sont agréables, où il fait bon vivre. La patrie des droits de l'Homme. Mais la réalité, c'est que c'est un pays où certains ont tous les droits, y compris celui d'humilier et d'insulter. D'autres n'en ont aucun — pas même celui de se défendre.

Conclusion

Écrire et partager ces fragments de ma vie en France, c'était bien plus qu'un exutoire. C'était un acte de survie. J'ai extirpé de moi un trop plein d'énergie négative, nourrie par le silence, l'injustice et la solitude.

Aujourd'hui, je me sens délesté, comme si j'avais arraché de mes entrailles une maladie ancienne, sourde et tenace. Une libération. Une reconquête de moi-même. Et cela me permet de comprendre que je suis un vrai Français, que je représente la République. Que je suis ici chez moi. Que ceux qui me regardent avec mépris, qui m'humilient sans raison, ceux-là ne sont pas plus chez eux que moi et ne font pas honneur à notre pays commun.

Etre citoyen français, ce n'est pas un nom, une couleur de peau, une religion. C'est avoir le respect de l'autre. C'est croire aux valeurs de ce pays. C'est porter en soi l'héritage des Lumières et la défense des droits de l'Homme.

Et moi, sans en avoir conscience au départ, j'ai incarné ces valeurs toute ma vie. Dans le silence, par ma patience, ma dignité, mon travail. Toutes ces années, j'ai porté la France en moi, sans jamais trahir mes principes.

Tous ceux qui m'ont méprisé, dénigré, du CRS aux militaires en passant par ces centaines de racistes dans les entreprises françaises, ne sont que l'ombre d'une France qu'ils prétendent défendre, mais qu'ils salissent chaque jour. Ce sont les premiers fossoyeurs de la France. Leur racisme, leur lâcheté, leur incompétence sont les vraies raisons du déclin national.

La France ne tombe pas sous le poids de ses enfants issus de l'immigration. Elle tombe par la faute de toutes ces personnes incapables de la hisser à la hauteur de ses promesses, préférant l'hypocrisie et le confort du mensonge à la rigueur de l'effort.

Et vous, petits hommes politiques d'extrême droite, vous êtes responsables du déclin de la France. Il n'est pas du fait de ceux qui travaillent honnêtement, bâtissent, aiment ce pays, mais de vous qui trahissez ses valeurs en semant la haine et l'ignorance. En administrant votre poison dans les foyers français. Vous avez déshonoré l'héritage que d'autres ont bâti au prix du sang et de la sueur.

Oui, vous qui représentez un parti qui ne devrait pas exister en France, un parti raciste, vous êtes responsables de la corruption morale, de la division du peuple et de l'effondrement de la France que vous prétendez sauver.

J'espère que l'Histoire vous jugera sévèrement.